이 책의 특징

'칠교놀이'란 정사각형을 일곱 개의 조각으로 나누어
다채로운 모양을 만드는 퍼즐 놀이를 뜻합니다.
오래전 중국에서 시작되어 전 세계로 퍼졌고,
영어로는 'Tangram(탱그램)'이라고 부릅니다.
이 책은 칠교놀이를 이용해
숫자, 동물, 사물, 탈것, 집 등을
일곱 조각의 스티커로 붙여 완성하는 스티커 북입니다.
조각을 맞추다 보면 창의력과 집중력이 향상되고,
완성하는 과정을 통해 몰입의 즐거움과
성취감을 느낄 수 있습니다.
『칠교놀이 스티커 퍼즐북』과 함께
일곱 개의 조각으로 무엇이든 만들어 보세요.

이 책을 사용하는 방법

연습 페이지

완성 페이지

이 책은 연습 페이지와 완성 페이지로 이루어집니다.
'연습 페이지'에서는 도안에 어떤 조각을 넣을지 연습할 수 있어요.
연필로 선을 긋고 지우개로 지우고 수정하면서 정답을 맞혀 보세요.
조각을 모두 맞춘 다음에는 색연필로 자유롭게 색을 칠해 주세요.
동물의 눈코입을 그려 넣고, 사물에 어울리는 색을 입히면서 창의력을 펼쳐 보세요.

'완성 페이지'에는 '스티커 페이지'에 있는 스티커 조각을 떼어 붙여요.
연필과 지우개로 충분히 연습했다면 어려운 모양도 척척 해결할 수 있어요.

'스티커 페이지'는 37쪽부터 시작되어요.
'해답 페이지'는 스티커 페이지 바로 뒷면에 있어요.

『칠교놀이 스티커 퍼즐북』 더 재밌게 즐기는 방법

1단계 연습 페이지에서 연필과 지우개로 충분히 연습해요.
2단계 완성 페이지에서 스티커 조각을 붙여 칠교놀이를 완성해요.
3단계 완성한 칠교놀이를 보며 색연필로 연습 페이지를 즐겁게 꾸미고 칠해요.

차례

문제 5쪽 스티커 37쪽 해답 38쪽

문제 7쪽 스티커 37쪽 해답 38쪽

문제 9쪽 스티커 39쪽 해답 40쪽

문제 11쪽 스티커 39쪽 해답 40쪽

문제 13쪽 스티커 41쪽 해답 42쪽

문제 15쪽 스티커 41쪽 해답 42쪽

문제 17쪽 스티커 43쪽 해답 44쪽

문제 19쪽 스티커 43쪽 해답 44쪽

문제 21쪽 스티커 45쪽 해답 46쪽

문제 23쪽 스티커 45쪽 해답 46쪽

문제 25쪽 스티커 47쪽 해답 48쪽

문제 27쪽 스티커 47쪽 해답 48쪽

문제 29쪽 스티커 49쪽 해답 50쪽

문제 31쪽 스티커 49쪽 해답 50쪽

문제 33쪽 스티커 51쪽 해답 52쪽

문제 35쪽 스티커 51쪽 해답 52쪽

01 숫자 0 만들기

조각들을 어떻게 배치해야 숫자 0을 만들 수 있는지 연필로 선을 그어 연습해 보세요.
완성한 다음에는 색도 칠해 보세요.

 스티커를 붙여 숫자 0을 완성해 보세요.

숫자 1 만들기

조각들을 어떻게 배치해야 숫자 1을 만들 수 있는지 연필로 선을 그어 연습해 보세요.
완성한 다음에는 색도 칠해 보세요.

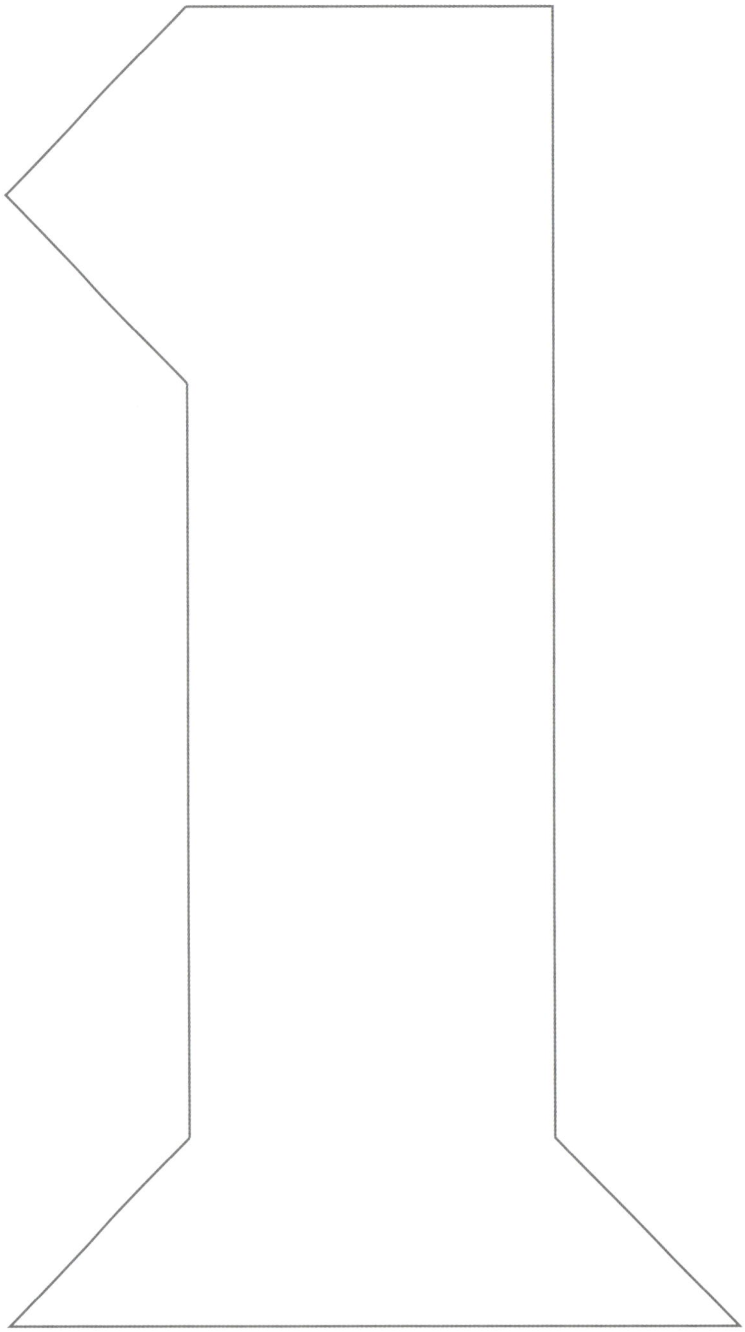

 스티커를 붙여 숫자 1을 완성해 보세요.

숫자 2 만들기

조각들을 어떻게 배치해야 숫자 2를 만들 수 있는지 연필로 선을 그어 연습해 보세요.
완성한 다음에는 색도 칠해 보세요.

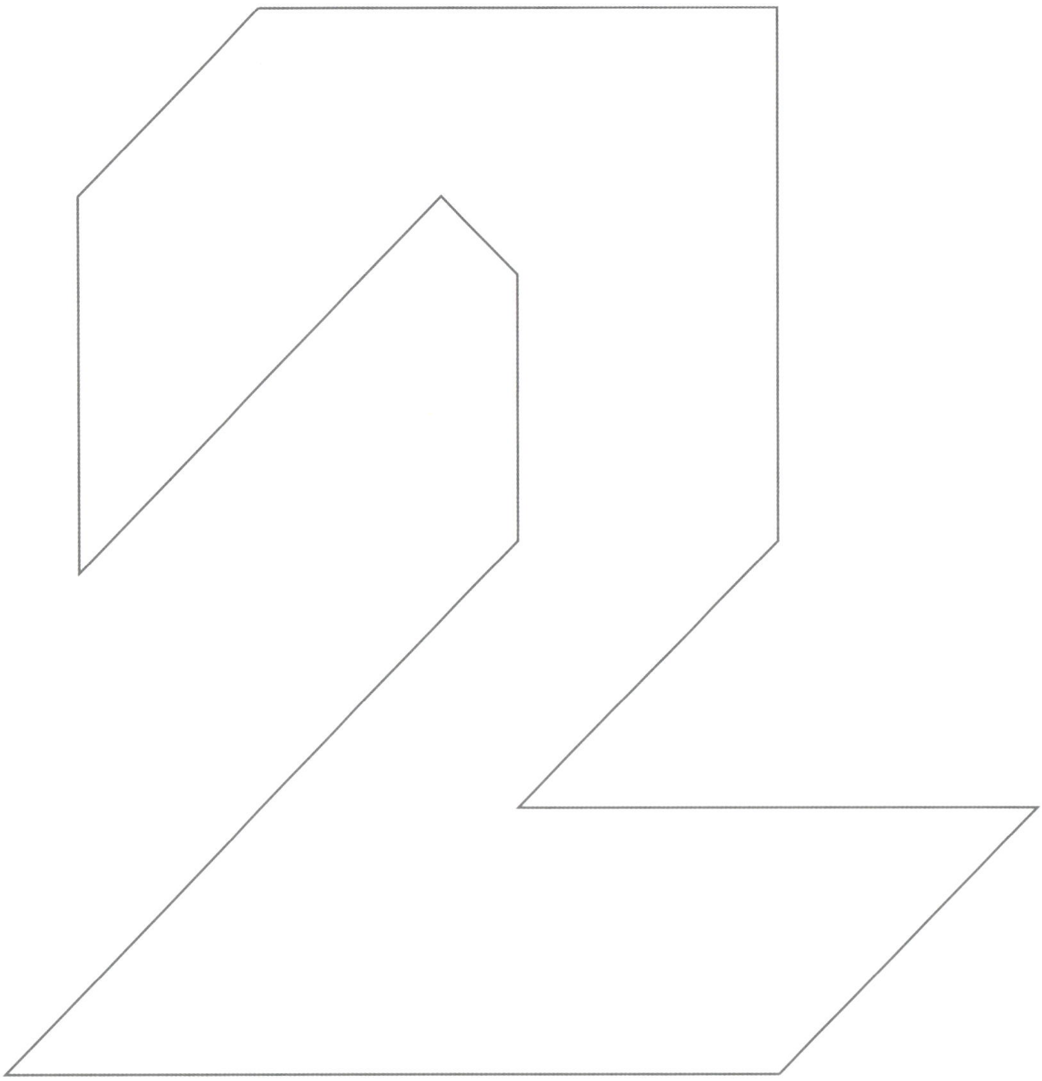

 스티커를 붙여 숫자 2를 완성해 보세요.

04 숫자 3 만들기

조각들을 어떻게 배치해야
숫자 3을 만들 수 있는지
연필로 선을 그어 연습해 보세요.
완성한 다음에는 색도 칠해 보세요.

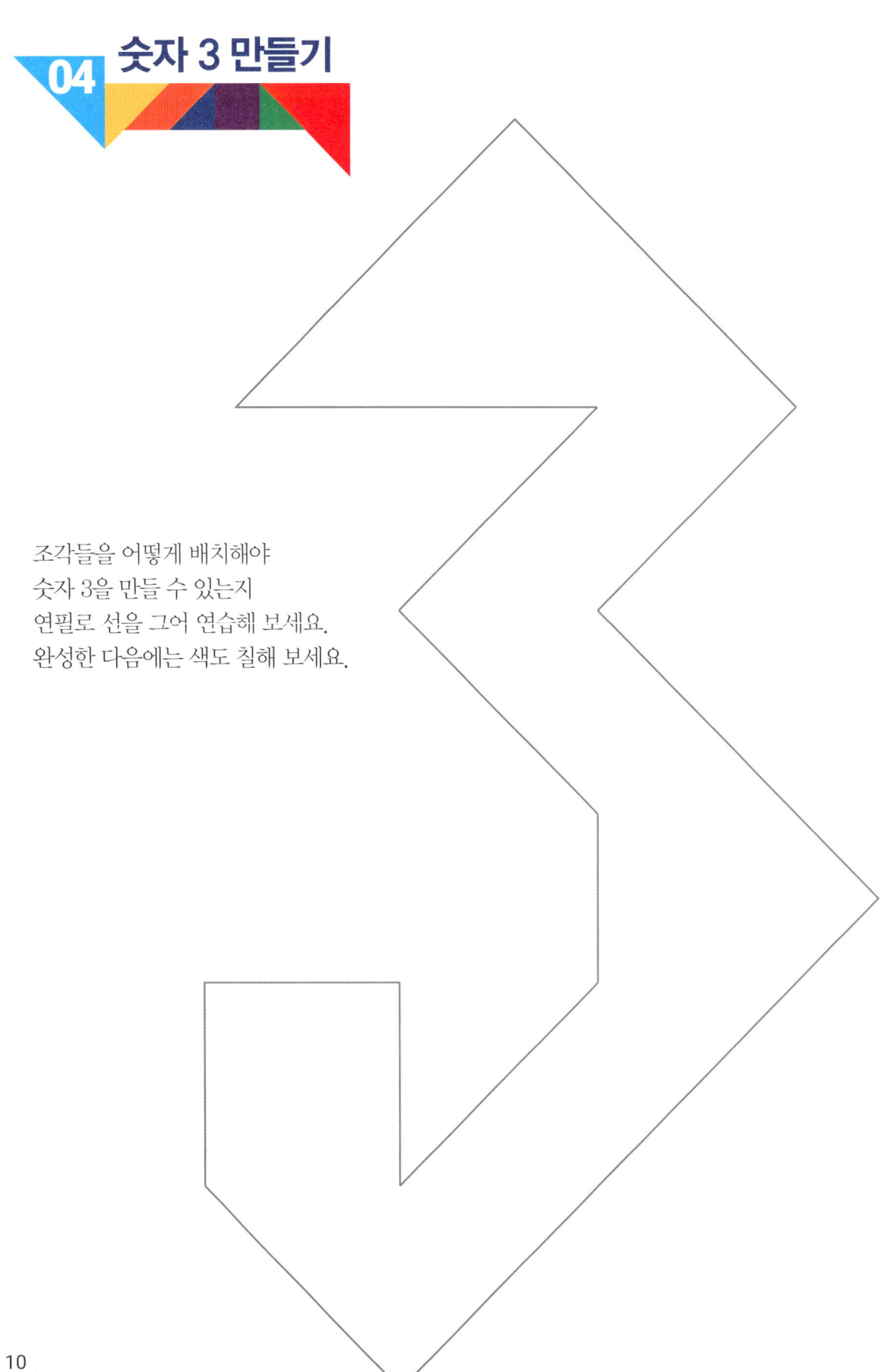

스티커를 붙여
숫자 3을 완성해 보세요.

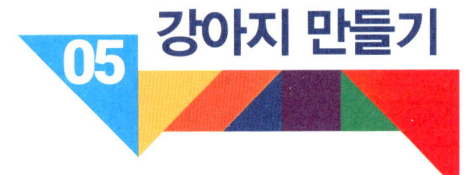

05 강아지 만들기

조각들을 어떻게 배치해야 강아지를 만들 수 있는지
연필로 선을 그어 연습해 보세요.
완성한 다음에는 색도 칠해 보세요.

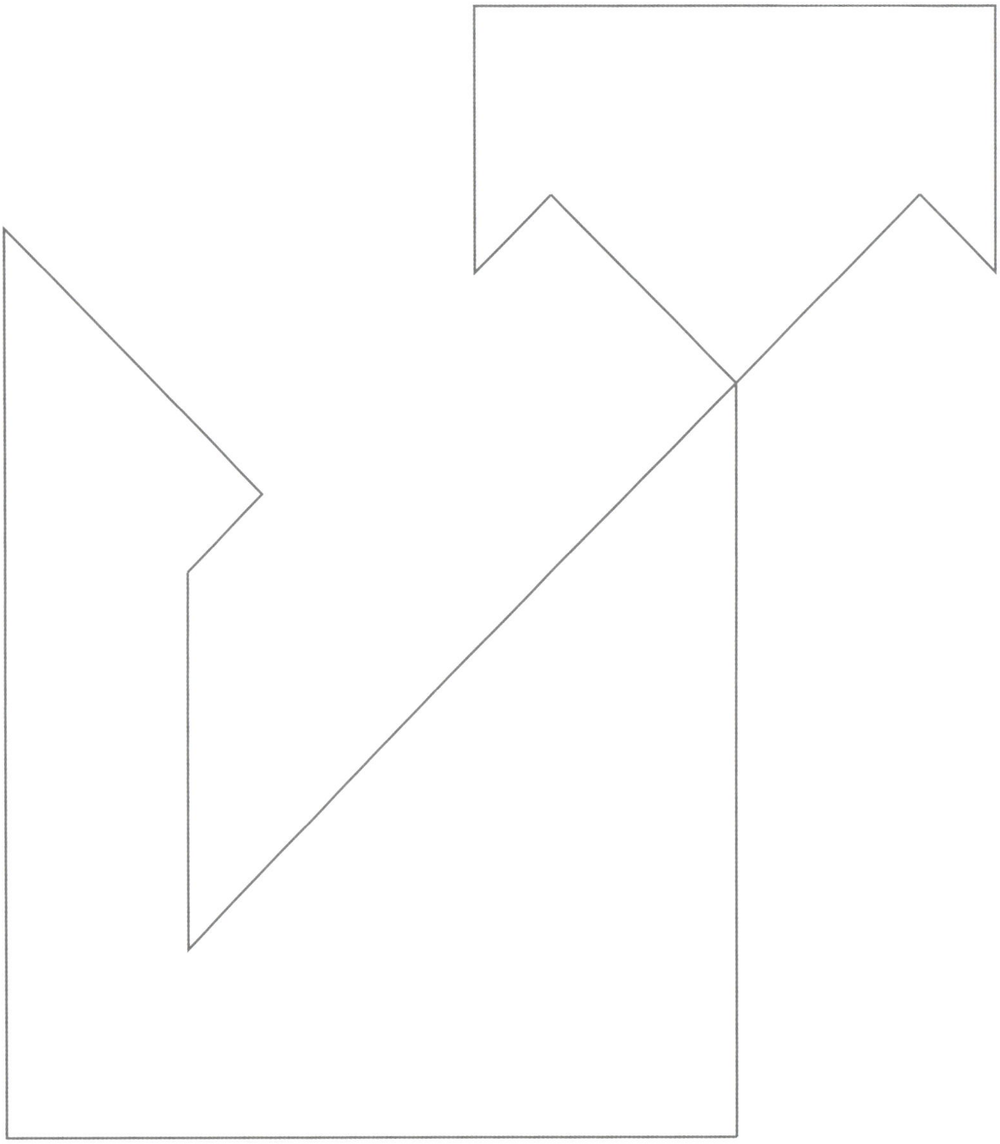

 스티커를 붙여 강아지를 완성해 보세요.

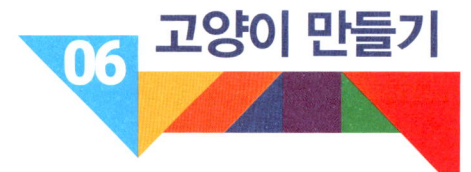

06 고양이 만들기

조각들을 어떻게 배치해야 고양이를 만들 수 있는지
연필로 선을 그어 연습해 보세요.
완성한 다음에는 색도 칠해 보세요.

 스티커를 붙여 고양이를 완성해 보세요.

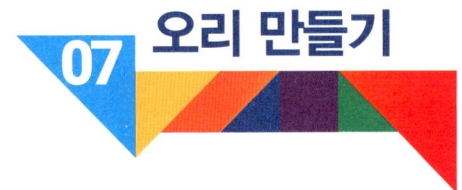

07 오리 만들기

조각들을 어떻게 배치해야 오리를 만들 수 있는지
연필로 선을 그어 연습해 보세요.
완성한 다음에는 색도 칠해 보세요.

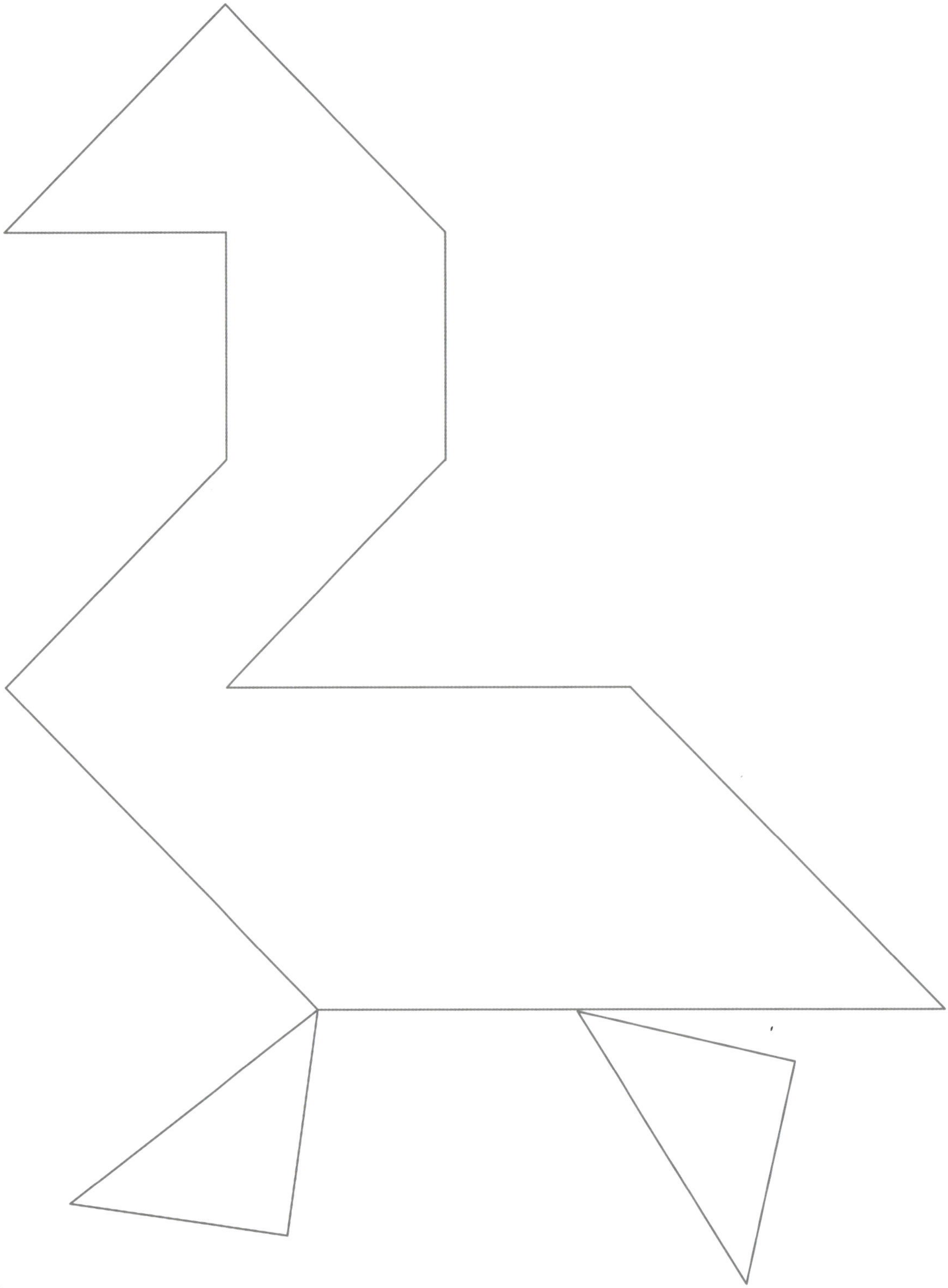

 스티커를 붙여 오리를 완성해 보세요.

08 토끼 만들기

조각들을 어떻게 배치해야 토끼를 만들 수 있는지
연필로 선을 그어 연습해 보세요.
완성한 다음에는 색도 칠해 보세요.

 스티커를 붙여 토끼를 완성해 보세요.

09 집 만들기

조각들을 어떻게 배치해야 집을 만들 수 있는지
연필로 선을 그어 연습해 보세요.
완성한 다음에는 색도 칠해 보세요.

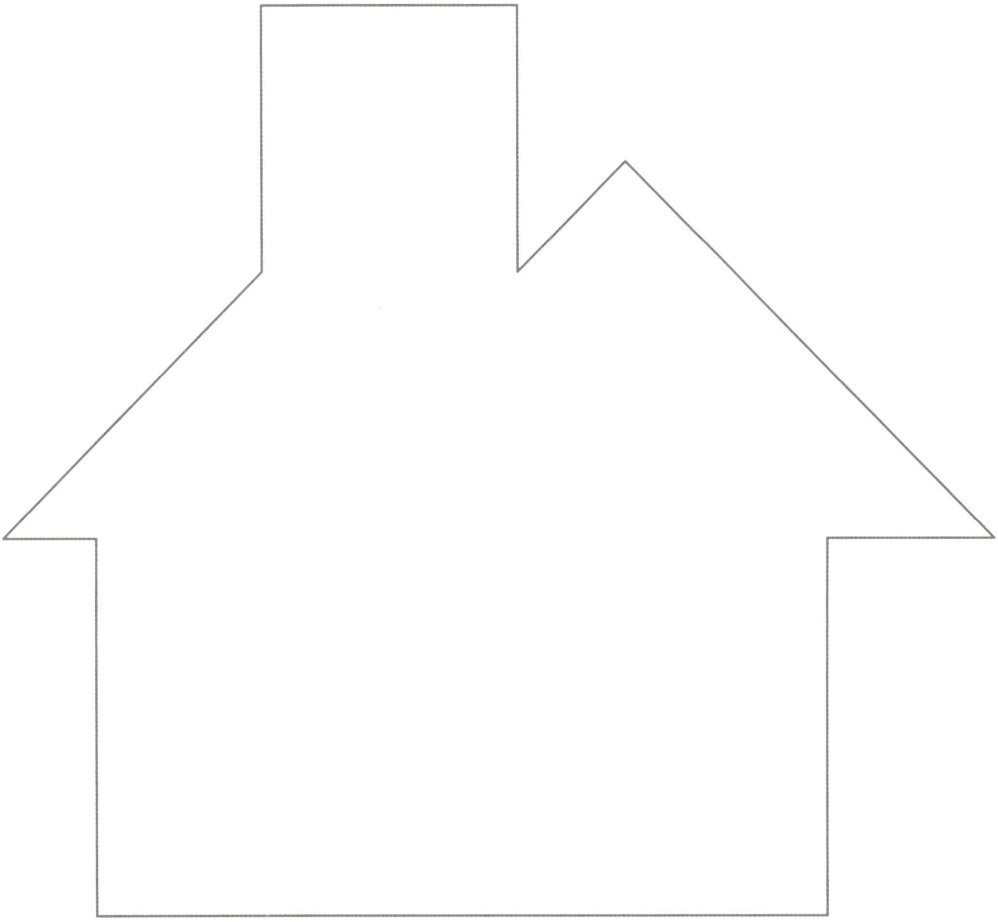

 스티커를 붙여 집을 완성해 보세요.

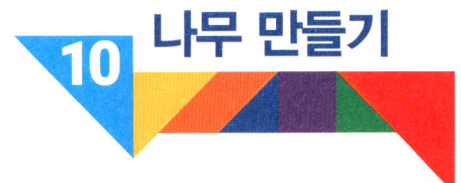

10 나무 만들기

조각들을 어떻게 배치해야 나무를 만들 수 있는지
연필로 선을 그어 연습해 보세요.
완성한 다음에는 색도 칠해 보세요.

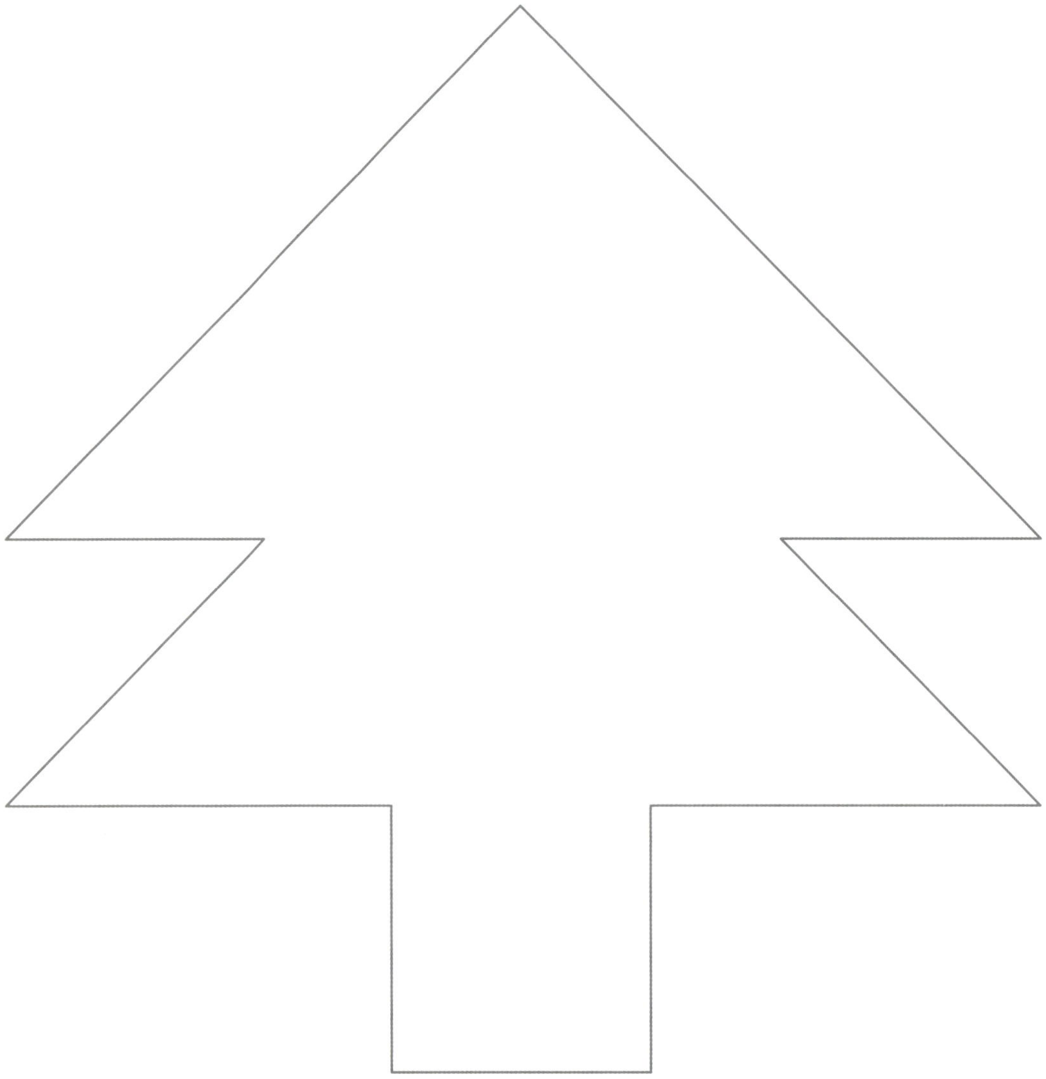

 스티커를 붙여 나무를 완성해 보세요.

11. 텐트 만들기

조각들을 어떻게 배치해야 텐트를 만들 수 있는지 연필로 선을 그어 연습해 보세요.
완성한 다음에는 색도 칠해 보세요.

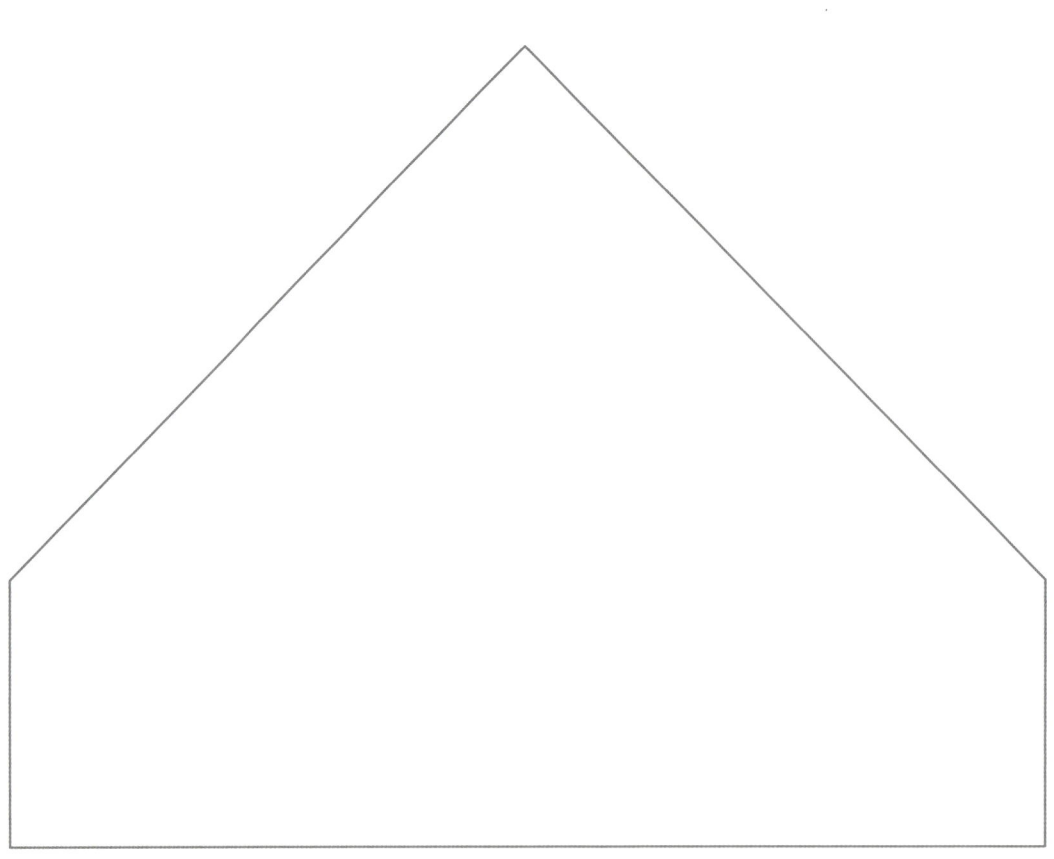

 스티커를 붙여 텐트를 완성해 보세요.

12 칼 만들기

조각들을 어떻게 배치해야
칼을 만들 수 있는지
연필로 선을 그어 연습해 보세요.
완성한 다음에는 색도 칠해 보세요.

스티커를 붙여
칼을 완성해 보세요.

13 로켓 만들기

조각들을 어떻게 배치해야 로켓을 만들 수 있는지
연필로 선을 그어 연습해 보세요.
완성한 다음에는 색도 칠해 보세요.

 스티커를 붙여 로켓을 완성해 보세요.

14 돛단배 만들기

조각들을 어떻게 배치해야 돛단배를 만들 수 있는지
연필로 선을 그어 연습해 보세요.
완성한 다음에는 색도 칠해 보세요.

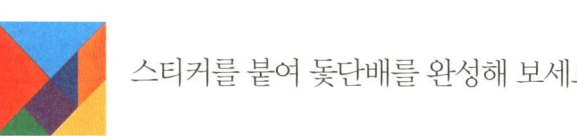 스티커를 붙여 돛단배를 완성해 보세요.

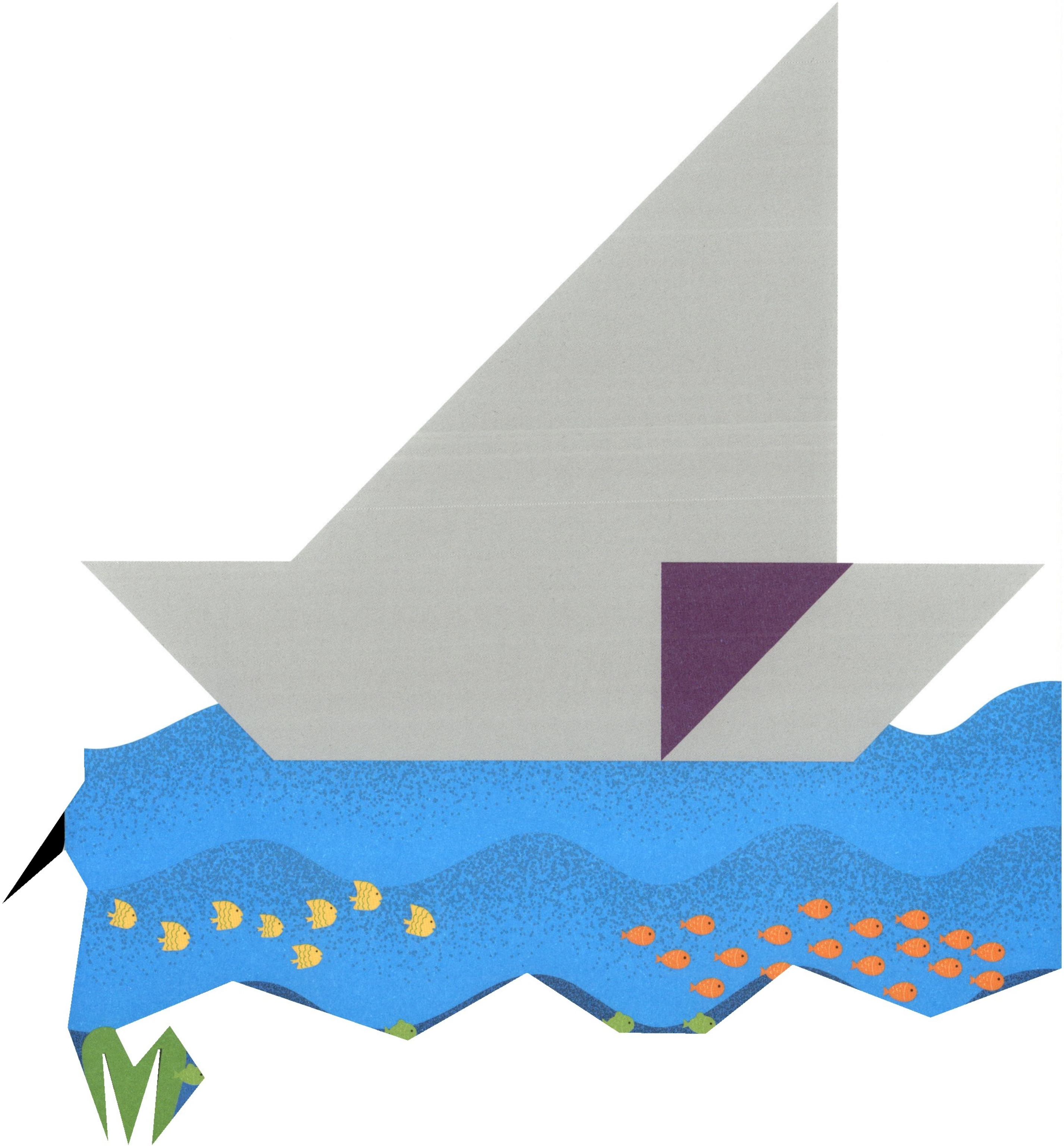

15 자동차 만들기

조각들을 어떻게 배치해야 자동차를 만들 수 있는지
연필로 선을 그어 연습해 보세요.
완성한 다음에는 색도 칠해 보세요.

16 비행기 만들기

조각들을 어떻게 배치해야
비행기를 만들 수 있는지
연필로 선을 그어 연습해 보세요.
완성한 다음에는 색도 칠해 보세요.

 스티커를 붙여 비행기를 완성해 보세요.

■ 1번 해답

■ 2번 해답

3번 스티커

4번 스티커

■ 3번 해답

■ 4번 해답

5번 스티커

6번 스티커

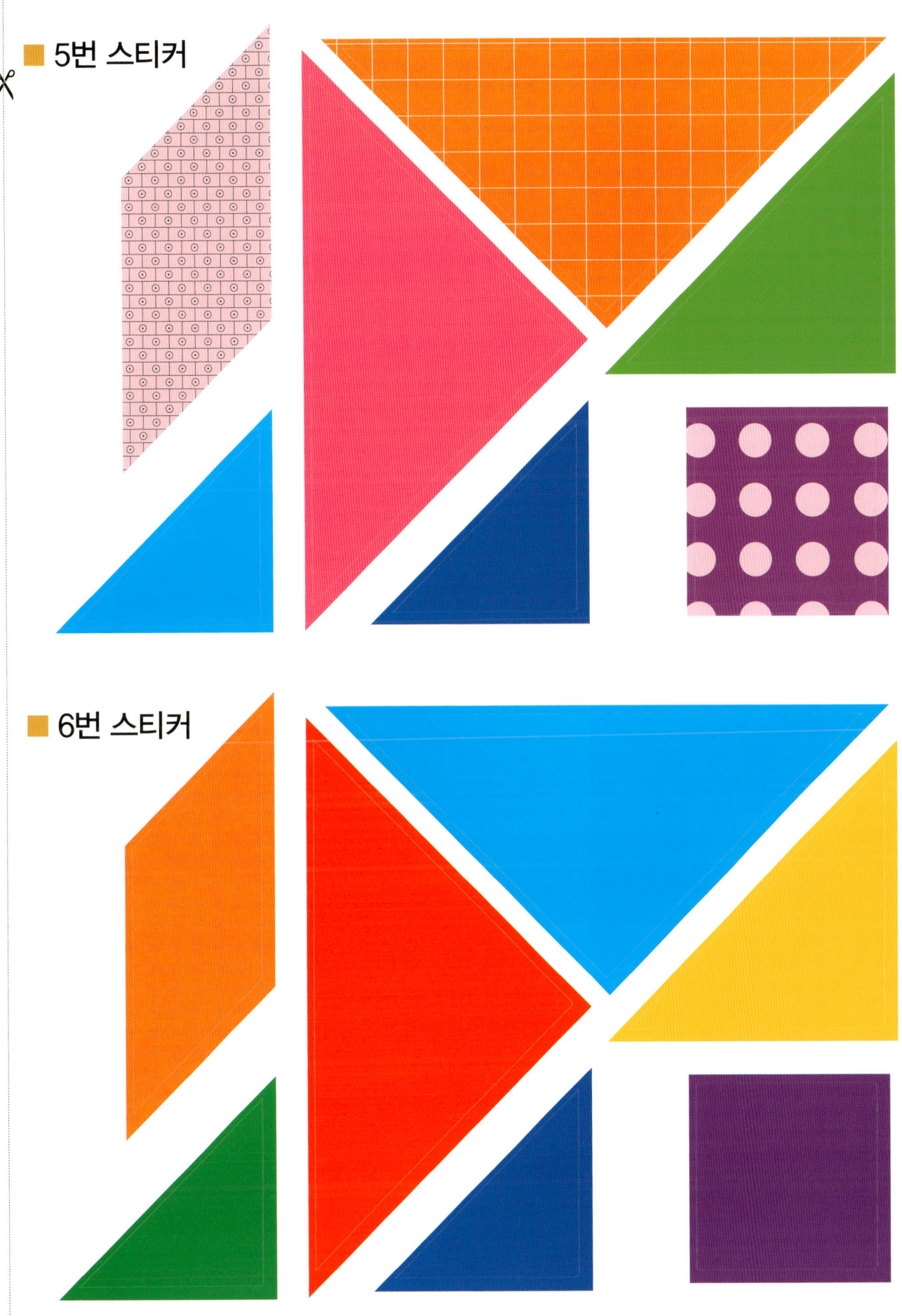

■ 5번 해답

■ 6번 해답

■ 7번 스티커

■ 8번 스티커

■ 7번 해답

■ 8번 해답

9번 스티커

10번 스티커

■ 9번 해답

■ 10번 해답

■ 11번 해답

■ 12번 해답

13번 스티커

14번 스티커

■ 13번 해답

■ 14번 해답

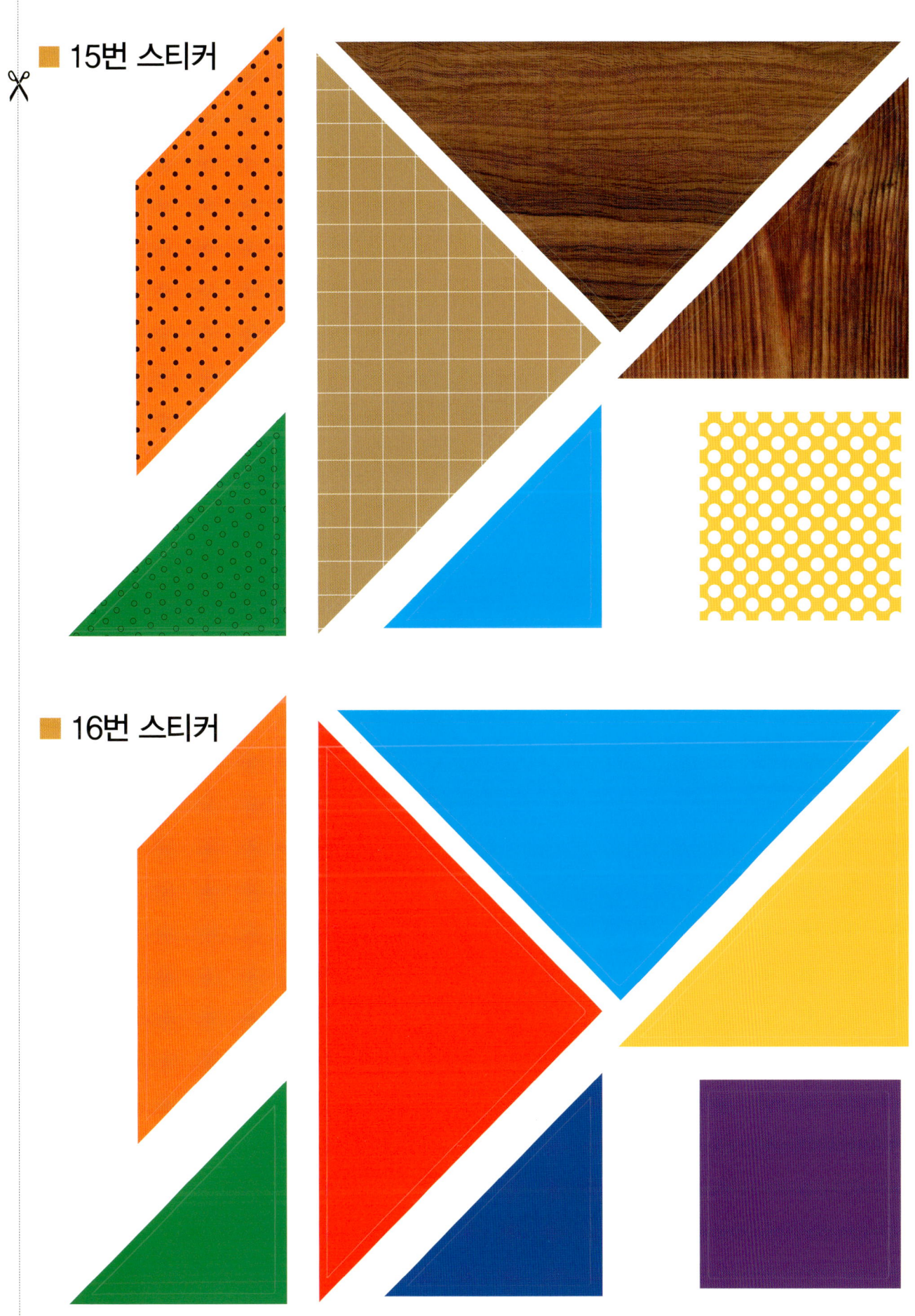

■ 15번 해답

■ 16번 해답